10대를 위한 최신 과학

컴퓨터
COMPUTERS

글 윌리엄 포터 | 옮김 송지혜

우리동네
책공장

1판 1쇄 인쇄 2022년 4월 10일 | 1판 1쇄 발행 2022년 4월 30일

글 윌리엄 포터 | 옮김 송지혜 | 편집 꿈틀
펴낸이 정윤화 | 펴낸곳 더모스트북 | 디자인 S and book (design S)
출판등록 | 제 2016-000008 호
주소 강북구 인수봉로 64 길 5 | 전화 02-908-2738 | 팩스 02-6455-2748
이메일 mbook2016@daum.net

ISBN 979-11-87304-31-9
ISBN 979-11-87304-27-2 74550 (세트)

우리동네책공장은 더모스트북의 아동브랜드입니다 .

The Tech-Head Guide: Computers
The Tech-Head Guide: Computers by William Potter
First published in Great Britain in 2020 by Wayland
Copyright © Hodder and Stoughton, 2020
Korean edition copyright © The Mostbook, 2022
All rights reserved.

This Korean edition published by arrangement with Hodder and Stoughton,
on behalf of Wayland, a part of Hachette Children's Group, through Shinwon
Agency Co., Seoul.

이 책의 한국어판 저작권은 신원에이전시를 통해 저작권자와
독점 계약한 더모스트북에 있습니다 .
저작권법에 의해 한국 내에서 보호를 받는 저작물이므로
무단 전재와 무단 복제를 금합니다 .

Picture credits:

Alamy: Agencja Fotografinza Caro 29br; Ian Dagnall 25b; GL Archive 12bl; Iamapress back cover br; 29bl; Andrew Kitching 13t; Moviestore Collection/© Disney 19b; Mark Richardson 27t. Dreamstime: Sabljak 9br. Epic Games 25c.Getty Images: 10bl; Agustinc back cover bl, 20cr; Dave M Bennet 27br; Dan Callister 14cr; Fotosearch 8cl; Bill Hinton 17br; Kim Kulish 14-15bg, 15b; Mark Madeo/Future Pub: 8cr Tom Mihalek/AFP: 24br; Science & Society PL: back cover t, 6-7bg, 6b, 7t, 7c, 9cl. NASA: PD 7b. NASC: 14cl. PRNewsFoto-Ducere Technologies :27cl. Science Photo Library: CERN 16cl. Sega: 25tr. Shutterstock: ACIcon 4bcl; Adragan 15tl; agsandrew front cover bgc; Aleksangel 4bl, 5bcl; america365 front cover cl; andik76 24-25bg; Astira 5bccl; Atstock Productions 22c; AVIcon 4bcr; 16cr; Radhu Bercan 16cr; Berkah Icon 5blc, 5bccl; Christian Bertrand 26br; bestfoto77 8-9 bg; Canadapanda 9tr; CAPToro 5bc; Cornel Constantin 11cr; Graeme Dawes 12cr; defmorph 5blcc; Dr Manager 4-5bg; Elena11 10-11bg; elenabsi 23br; Evdokimov Maxim 18-19bg; Nico ElNino 17bl; Fireofheart 20b; Nor Gal 10br; Gorodenkoff 19t; Grenar 4br; Andrew Heffernan 4blcc; Anna Hoychuk 26c; IB Photography 9cl; IMG 191 9bl; irbis pictures 18cl; ittoilmatar front cover tl; Alesia Kan 13cl; Jane Kelly 23tl; kpatyhka 23tr; ksenvitain 4brcc; Leremy 22b; Illia Levchenko front cover main; Lightspring 20cl; Lineicons freebird front cover drop-ins, 4bc; Oleksiy Mark17tr; Maxx-Studio 1; metamorworks 28-29bg; Oleksandr Molotkovych 5br; Moviestore/Rex 19c; Agus Mul 5bcr; Nicescene 21tl; NinjaStudio 4brc; Oakview Studios 5brcc; omihay 13ctl; padu_foto 25tl; paulista 11bra; 26bl Peppinnuzzo 26bl; Sergey Peterman 5c; Phonlamai Photo 11crb; pking4th front cover drop-ins, Poznauakov front cover cr; PrinceofLove 18br; ra studio 28br; Rawpixel.com 10-11c; Maziar Roohl front cover tr; Rost9 29tr; sdecoret front cover bg, 23br; Anton Shaparenko 4blc, 4bccl; Sviatlana Sheina 5bl; solarseven 20-21bg spainter vfx 2-3bg, 12-13bg, 26-27bg; Cristian Storto 8bl; Tzido Sun 22-23bg; SWevil 21tr; Navin Tar 5tr; Tinxi 24bl; wavebreakmedia 16-17bg, 30-31bg, 32bg; weera.otp 10cl; Who is Danny 17tl. Wikimedia Commons: Michael Holley/PD 8br; Carlos Jones/ORNL CC 2 15c; Kenneth Lu/CC 2 24c; Marsyas /CC 2.5 6c.

Every attempt has been made to clear copyright. Should there be any inadvertent omission please apply to the publisher for rectification.

차례

컴퓨터 세상 4
컴퓨터의 역사 6
개인용 컴퓨터의 탄생 8
컴퓨터 속으로 10
소프트웨어의 비밀 12
컴퓨터가 남긴 기록들 14
연결된 세상 16
창의적인 도구 18
공격 받는 컴퓨터 20
안전을 지키는 방법 22
게임의 역사 24
똑똑한 컴퓨터 26
미래를 향해 28

용어 풀이 / 참고할 만한 사이트와 책 30
찾아보기 32

컴퓨터 세상

컴퓨터는 우리 주변 어디에서나 만날 수 있다.
한손에 잡히는 스마트폰부터 일기예보를 하는 슈퍼컴퓨터까지…….
우리는 이 똑똑한 기계와 함께 살아가고 있다.
이제 컴퓨터는 우리 생활 속에서 점점 더 많은 역할을 하고 있다.

과거와 현재

이 책에서는 고대에 사용된 계산기, 암호해독 컴퓨터, 커다란 방 크기였던 최초의 슈퍼컴퓨터, 비디오 게임, 멋진 기능을 가진 애플리케이션 그리고 양자 컴퓨팅, 증강현실, 인공지능의 놀라운 미래를 만나게 될 것이다. 더불어 컴퓨터에 관련된 전문 용어들을 배우며 컴퓨터에 대한 지식을 쌓을 수 있을 것이다.

연표

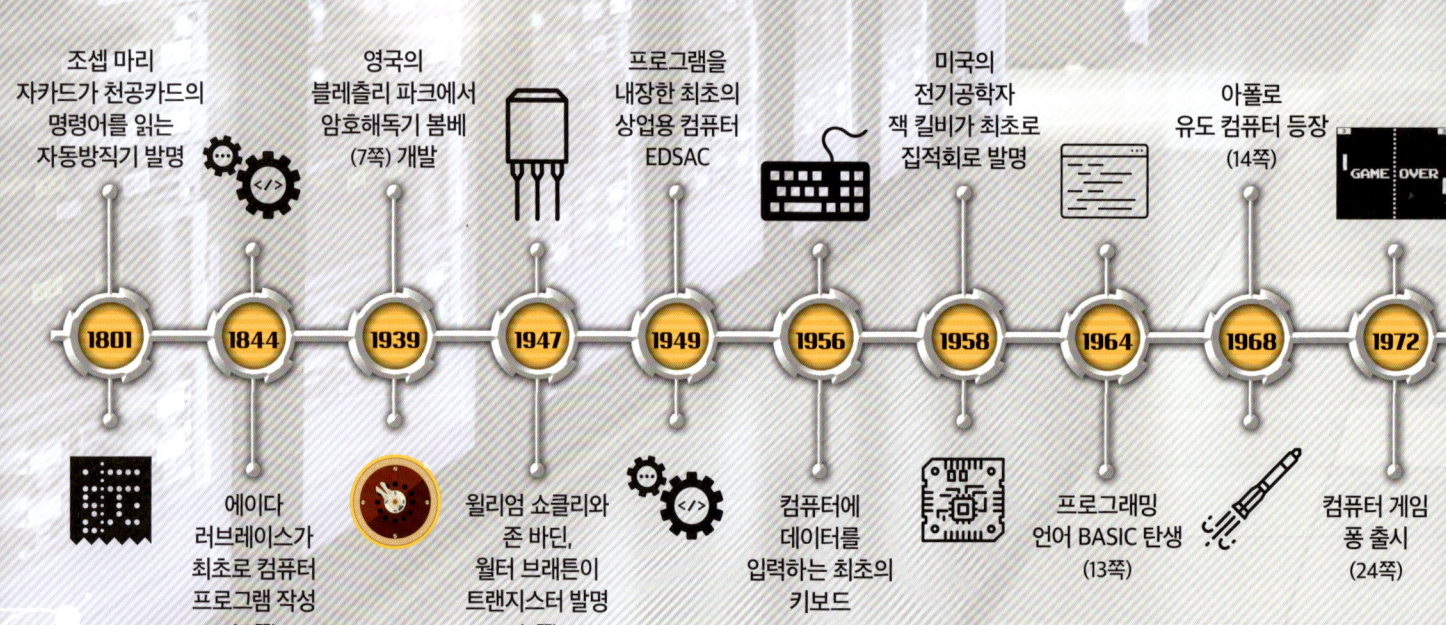

- **1801** 조셉 마리 자카드가 천공카드의 명령어를 읽는 자동방직기 발명
- **1844** 에이다 러브레이스가 최초로 컴퓨터 프로그램 작성 (12쪽)
- **1939** 영국의 블레츨리 파크에서 암호해독기 봄베 (7쪽) 개발
- **1947** 윌리엄 쇼클리와 존 바딘, 월터 브래튼이 트랜지스터 발명 (8쪽)
- **1949** 프로그램을 내장한 최초의 상업용 컴퓨터 EDSAC
- **1956** 컴퓨터에 데이터를 입력하는 최초의 키보드
- **1958** 미국의 전기공학자 잭 킬비가 최초로 집적회로 발명
- **1964** 프로그래밍 언어 BASIC 탄생 (13쪽)
- **1968** 아폴로 유도 컴퓨터 등장 (14쪽)
- **1972** 컴퓨터 게임 퐁 출시 (24쪽)

컴퓨터란?

컴퓨터는 수학이나 논리를 사용하여 문제를 해결하도록 프로그래밍된 기계이다. 컴퓨터는 **주판** 같은 단순한 계산기와 **차분기관**(6쪽) 같은 기계 장치가 발전하여 만들어졌다. 전자공학의 시대가 열리고 **트랜지스터**와 **마이크로칩**이 등장하자, 단순한 계산 기능을 넘어 훨씬 다양한 용도로 사용할 수 있는 더 작고 더 빠른 컴퓨터가 발명되었다.

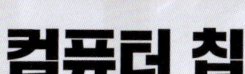

컴퓨터 칩

많은 사람이 데스크톱 PC와 스마트폰 말고도 일상 생활에 컴퓨터가 얼마나 큰 도움을 주고 있는지 정확히 알지 못한다. 컴퓨터 칩은 전자레인지와 냉장고, 토스터가 작동하도록 하고, 집안의 난방을 조절하거나 거리와 신호등을 제어하며, 사람들이 카드로 결제하는 것과 자동차, 기차 그리고 비행기의 운행을 돕는다.

이 책 또한 워드 프로세서라는 컴퓨터 프로그램을 이용해 원고를 썼다. 온라인으로 사실관계를 확인하고, 사진을 찾고, 본문을 디자인하고, 파일을 인쇄소에 보내는 데 모두 컴퓨터가 사용되었다. 책을 온라인으로 주문하면 컴퓨터 제어 로봇이 책을 배송해준다. 이제 책을 넘겨 컴퓨터 세계로 로그인해 보자!

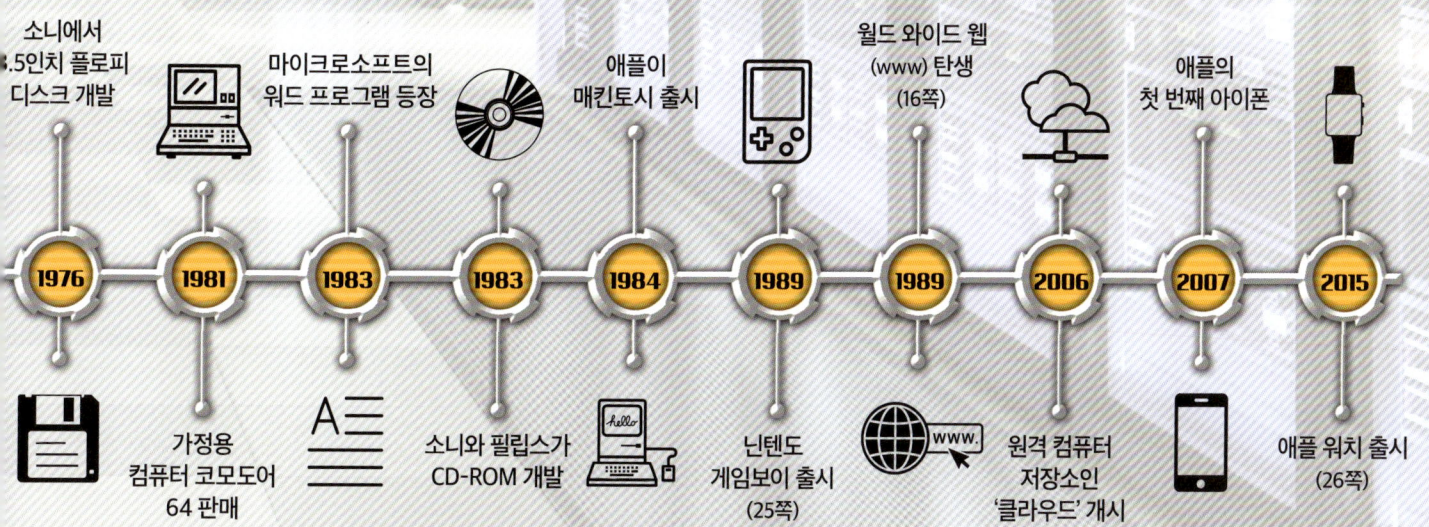

- 1976 — 소니에서 3.5인치 플로피 디스크 개발
- 1981 — 마이크로소프트의 워드 프로그램 등장
- 1983 — 가정용 컴퓨터 코모도어 64 판매
- 1983 — 소니와 필립스가 CD-ROM 개발
- 1984 — 애플이 매킨토시 출시
- 1989 — 닌텐도 게임보이 출시 (25쪽)
- 1989 — 월드 와이드 웹 (www) 탄생 (16쪽)
- 2006 — 원격 컴퓨터 저장소인 '클라우드' 개시
- 2007 — 애플의 첫 번째 아이폰
- 2015 — 애플 워치 출시 (26쪽)

컴퓨터의 역사

사람들은 전기를 이용하기 전에 복잡한 계산을 하는 기계를 만들었다. 이렇게 만들어진 초창기의 기계들은 공학 기술의 경이로운 산물이자 오늘날 컴퓨터의 전신이 되었다.

오래된 역사

1902년, 그리스 연안의 잠수부들은 기원전 100년경의 난파선에서 녹슨 장치(오른쪽)를 발견했다. 과학자들은 이 고대의 '**안티키테라**' 기계를 기어 장치 삼아 달과 행성의 위치를 계산했었다는 사실을 알아냈다. 이 기계는 세계 최초의 컴퓨터라 불리기도 한다.

차분기관을 만들다

19세기 초, 영국의 수학자이자 기계공학자였던 **찰스 배비지**는 복잡한 방정식을 자동으로 계산할 수 있는 기계를 설계했다. **차분기관**이라고 불리는 이 기계는 여러 톱니바퀴들이 맞물려 돌아가면서 작동했다. 이 장치는(아래) 배비지가 세상을 떠나고 한참 뒤인 1991년이 되어서야 실제로 만들어졌지만, 놀랍게도 잘 작동했다!

다양한 목적

에드삭(EDSAC)은 다른 프로그램을 쉽게 실행할 수 있는 최초의 프로그램 내장방식 컴퓨터였다. 1949년 영국의 케임브리지 대학에서 완성된 에드삭(아래)은 천공 종이테이프에 기록된 명령어를 읽어 들여 수학 문제를 풀었고, 정보를 처리하는데 3,500개의 밸브와 수은으로 채운 관이 필요했다. 결과는 종이에 인쇄되었다.

비밀 계획

제2차 세계대전(1939년~1945년) 동안 수많은 컴퓨터가 설계되었다. 독일의 발명가 **콘라트 추제**는 프로그램으로 제어되는 최초의 자동 전자식 컴퓨터 **Z3**(12쪽)를 만들었으나 폭격으로 파괴되었다. **앨런 튜링**은 영국의 극비 시설인 블레츨리 파크에서 암호해독기인 **봄베**(위)와 **콜로서스**를 만드는 팀을 맡았다. 미국의 기계공학자들은 2년에 걸쳐 탄도의 궤도를 계산하기 위한 **에니악(ENIAC)**을 완성했는데, 이것은 이전의 컴퓨터들보다 1,000배나 빨랐다.

인간 컴퓨터

처음에 '컴퓨터'는 복잡한 수학 계산을 하는 사람들을 가리키는 용어였다. **캐서린 존슨**(오른쪽)은 여성으로 이루어진 컴퓨터 팀을 이끌며 나사(NASA)의 초창기 우주개발 프로그램에 필요한 비행경로를 계산하는 데 기여했다. 1945년이 되어서야 '컴퓨터'는 기계를 의미하기 시작했다.

개인용 컴퓨터의 탄생

최초의 전자식 컴퓨터는 과학자, 군인 그리고 대기업에서 사용하기 위해 만들어졌으며, 아주 거대한 데다 어마어마하게 비쌌다. 컴퓨터가 가정에 보급되기 위해서는 더 작아지고 무엇보다 훨씬 더 저렴해져야 했다!

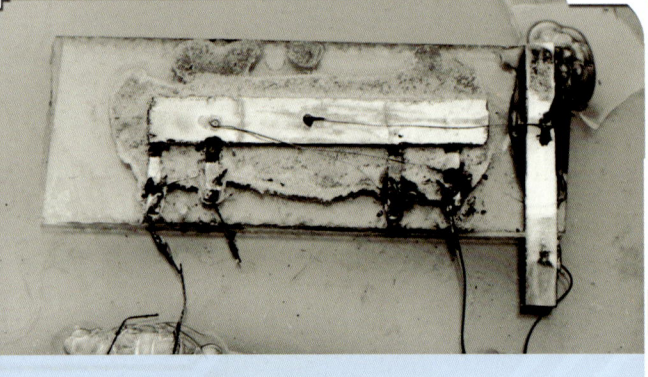

칩 혁명

초창기 컴퓨터는 전류를 흐르게 하거나 차단할 수 있는 진공관(위 사진 참조)을 사용하여 명령을 내보냈다. 하지만 진공관은 쉽게 깨지는 단점이 있었다. 1957년에는 진공관과 같은 기능을 가졌지만, 훨씬 더 작고 더 적은 전력을 사용하는 **트랜지스터**가 발명되어 전자공학에 혁명을 가져왔다. 뒤이어 1958년에는 여러 개의 작은 트랜지스터가 연결된 집적회로가 등장했다.

개인용 컴퓨터의 성공

1975년, 최초의 **개인용 컴퓨터(PC)**인 알테어 8800가 출시되었다. 조립 키트의 형태로, 가격은 약 300달러였다. 덕분에 **빌 게이츠**(14쪽)와 **폴 앨런**과 같은 컴퓨터광들이 컴퓨터를 쉽게 구할 수 있게 되었는데, 후에 그들은 컴퓨터 **소프트웨어** 회사인 **마이크로소프트(MS)**를 함께 창업하게 되었다.

애플의 등장

1976년, **스티브 잡스**와 **스티브 워즈니악**은 **애플-1**이라고 불리는 간단한 회로 기판(11쪽 참조)을 선보였다. 그리고 1년 후, 그들은 컬러 그래픽이 구현 가능한 컴퓨터를 완성했다. 이 **애플-2**(아래)는 수백만 대가 팔려나갔는데, 후에 컴퓨터 세계를 제패하게 될 애플 컴퓨터의 첫 번째 제품이었다.

더 작고 더 강력하게

과학 기술 기업들은 더 작고 많은 수의 트랜지스터를 컴퓨터 칩 안에 넣을 수 있게 되었다. 이제 고성능 데스크탑 컴퓨터의 얇은 화면 속으로, 무선 와이파이와 블루투스가 숨어서 전선 대신 작동하게 되었다.

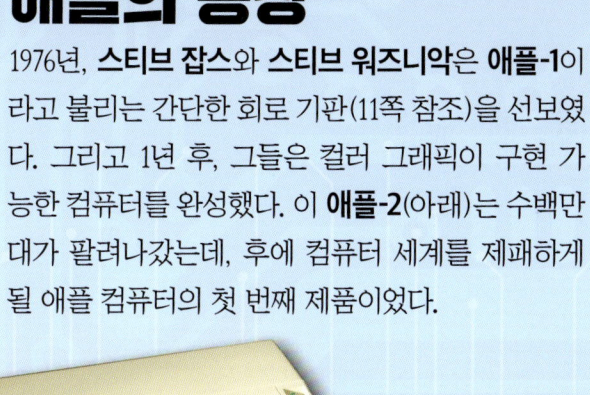

오래된 기술

1970년대와 80년대에 대부분의 가정용 컴퓨터는 화면이 없었기 때문에 TV에 연결해야 했다. **아타리400**, **싱클레어ZX 스펙트럼**과 함께 역대 가장 많이 팔린 **코모도어64**(오른쪽 아래)는 **조이스틱** 제어장치(왼쪽 아래)를 지원하여 비디오 게임을 하기에 좋았다. 처음에는 프로그램을 업로드하기 위해 카세트테이프 플레이어나 **플로피 디스크 드라이브**(위)를 사용해야 했다.

휴대용 컴퓨터

컴퓨터는 한때 방을 가득 채울 정도로 컸지만, 지금은 초고속 노트북이나 태블릿을 가방 안에 넣고 다닐 수 있다. 우리가 지금 흔히 사용하는 스마트폰의 처리 능력은 과거 나사(NASA)가 우주 비행사를 달에 보내기 위해 사용했던 모든 컴퓨터보다도 더 뛰어나다.

컴퓨터 속으로

부품의 크기는 더 작아지고 속도와 효율은 더 높아졌지만, 데스크톱 컴퓨터의 기본적인 구성은 거의 같다. 컴퓨터가 어떻게 작동하는지 살펴보자.

입력장치

마우스, **키보드** 또는 **터치패드**를 통해 컴퓨터에 명령을 보낸다.

핵심적인 제어장치

중앙처리장치(CPU) 또는 **마이크로프로세서**는 컴퓨터의 두뇌에 해당하며, 마우스나 키보드에서 명령을 받아 작동을 제어한다. CPU는 실리콘 칩이 내장된 세라믹 평판이다. CPU의 속도는 기가헤르츠(GHz)로 나타내는데, 이는 1초에 얼마나 많은 명령을 처리할 수 있는지를 측정한 것이다.

나무 마우스

최초의 컴퓨터 **마우스**는 나무로 만들었다. 1964년 더글러스 엥겔바트가 컴퓨터 화면 위에서 커서(화살표)를 움직이게 하기 위해 발명했으며, 연결된 선이 꼬리처럼 생겨서 쥐라는 뜻의 '마우스'라는 이름이 붙었다.

컴퓨터 칩

CPU 안에 있는 실리콘 칩은 **트랜지스터**를 포함해 수십억 개의 아주 작은 부품들로 이루어진 전자 **집적회로**로 구성되어 있다.

꼭 필요한 기억장치

컴퓨터는 임시 작업에 사용되는 기억장치인 **램(RAM)**과 전원이 꺼져도 **하드 드라이브**에 파일과 프로그램을 저장하는 기억장치인 **롬(ROM)**를 가지고 있다.

화면

무엇을 타이핑하고 어디를 클릭할지를 확인하려면 화면이 필요하다. 화면에 나타나는 이미지는 **픽셀**이라는 아주 작은 점들로 이루어져 있는데, 명령에 따라 그 색상이 변한다.

수많은 0과 1

정보 즉, **데이터**(숫자, 문자, 이미지와 소리)는 0과 1로만 표현되는 **이진 코드**의 형태로 컴퓨터에 저장되고 사용된다. 컴퓨터 칩 안에 있는 **트랜지스터**는 마치 수문처럼 전류를 흐르게 하거나 흐르지 못하게 막는다.

전류가 흐를 때=1, 전류가 흐르지 않을 때=0 0 또는 1을 **비트**라고 한다. 8비트는 **1바이트**(b)와 같다. 백만 바이트는 1메가바이트(Mb)다. 각각의 칩에는 14나노미터(nm) 길이의 트랜지스터가 수십억 개나 들어갈 수 있다. 이는 사람의 머리카락 굵기보다 약 5,000배나 더 가늘다.

사람의 머리카락: 지름 약 75,000nm
적혈구: 지름 약 6,000nm
세균: 길이 약 1,000nm
트랜지스터: 길이 약 14nm

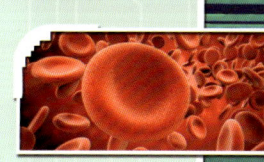
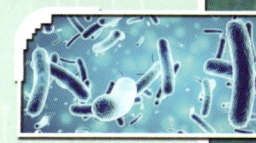

모두 함께 모이면

CPU와 메모리는 **마더보드**라고 불리는 평평한 인쇄 회로 기판에 장착된다. 그러면 컴퓨터에 있는 모든 부품이 연결되어, CPU가 명령을 받고 또 하드 드라이브나 DVD 플레이어와 같은 다른 장치에 명령을 전달할 수 있게 된다.

소프트웨어의 비밀

컴퓨터 하드웨어에 들어 있는 프로그램, 즉 소프트웨어에는 게임, 웹 브라우저, 영상이나 디자인 프로그램 등이 있다. 누구나 자신의 컴퓨터에 원하는 프로그램을 설치할 수 있고, 약간의 코딩 지식이 있다면 프로그래밍을 배울 수도 있다.

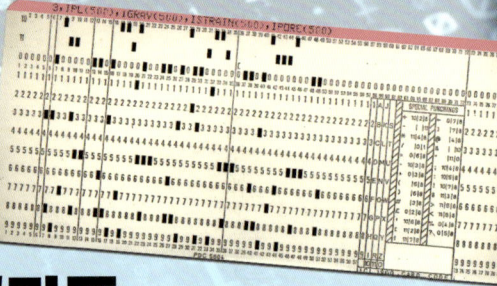

최초의 프로그램

19세기 초, **찰스 배비지**(6쪽)는 천공카드를 이용하여 정보를 처리하는 **해석 기관**을 설계했다. 그의 동료였던 수학자 **에이다 러브레이스**는 배비지의 기계가 복잡한 계산을 할 수 있을지도 모른다고 생각했다. 그래서 그녀는 프로그래밍 언어를 고안해낸 최초의 컴퓨터 프로그래머로 불린다.

천공카드

최초의 컴퓨터는 종이로 된 천공카드나 테이프에 입력한 **이진 코드**를 읽어 명령을 수행했다. 구멍이 뚫린 곳은 1, 구멍이 뚫리지 않은 곳은 0이다.

문제 해결 순서

컴퓨터 프로그램은 **알고리즘**을 사용하여 작동한다. 알고리즘이란 프로그램이 작업을 올바르게 수행하기 위해 따라야 하는 순서이다. 요리처럼 정확한 결과를 얻기 위해서는 정확한 순서를 따라야 한다.

베이직

현재 프로그래머는 컴퓨터 언어를 사용하여 암호화된 명령어를 컴퓨터에 입력한다. 컴퓨터 언어 중 하나인 **베이직(BASIC)**은 1964년에 학생과 가정용 컴퓨터 사용자를 위해 만들어졌다. Y(Yes)와 N(No)로 이루어진 문자열을 명령어로 사용했으며, 1980년대 후반 더 많은 비주얼 언어가 개발될 때까지 사용되었다.

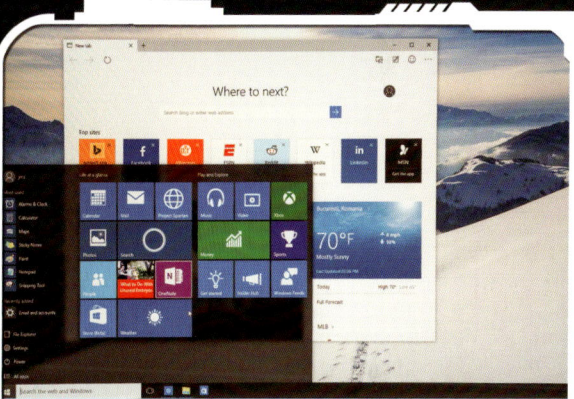

더 많은 언어들

특정한 목적을 가진 여러 컴퓨터 언어들이 다음과 같이 개발되었다.

포트란(FORTRAN): 수학 계산용
코볼(COBOL): 사무 처리용
리스프(LISP): 인공지능(AI) 시스템 개발용
자바(JAVA): 안드로이드 앱을 개발하는 데 주로 사용되는 언어
스크래치(SCRATCH): 어린이들을 위한 프로그래밍 교육용 비주얼 언어

그래픽 화면

프로그래머들은 컴퓨터 언어를 사용해 긴 명령어를 작성하여 컴퓨터에 명령을 보내지만, 일반 가정용 컴퓨터를 사용하는 사람들을 위해서는 더 쉽고 간단한 명령어가 필요했다. 그래서 **운영체제(OS)**가 탄생하게 된 것이다. 운영체제(OS)는 사용자가 클릭하거나 드래그하여 작업을 실행할 수 있도록 문자와 그림을 화면에 표시한다. 현재 널리 사용되는 운영체제에는 **윈도우**, **맥OS**, **리눅스**가 있다.

컴퓨터가 남긴 기록들

천공카드로 작동했던 거대한 컴퓨터는 놀라운 속도로 발전하여 지금은 손에 들고 다닐 수 있을 정도로 작아졌다. 다음은 컴퓨터의 과거와 현재에 관한 놀라운 사실들이다.

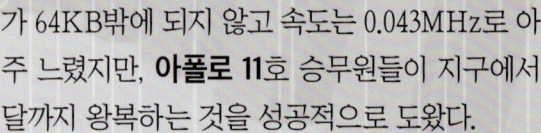

달 로켓 발사

50년 전, 나사(NASA)는 오늘날 전자레인지에 사용하는 마이크로프로세서보다도 성능이 떨어지는 컴퓨터를 가지고 사람들을 달에 보냈다. **아폴로 유도 컴퓨터(AGC)**는 메모리가 64KB밖에 되지 않고 속도는 0.043MHz로 아주 느렸지만, **아폴로 11호** 승무원들이 지구에서 달까지 왕복하는 것을 성공적으로 도왔다.

무거운 물건

오늘날 5MB(메가바이트)의 컴퓨터 메모리는 별것 아니며(노래 한 곡의 파일 크기), USB에 수 GB(기가바이트, 1GB = 1,000MB)를 저장할 수 있다. 1956년에 이 정도 크기의 정보를 저장하려면 지게차가 필요했을 것이다! **IBM 305 RAMAC**은 최초로 5MB 하드 디스크 드라이브가 달린 컴퓨터 중 하나였지만, 무게가 무려 1톤이 넘었다!

최첨단 기술로 지은 집

빌 게이츠는 자신이 창립한 컴퓨터 소프트웨어 회사 마이크로소프트 덕분에 세계에서 가장 부유한 사람 중 한 사람이 되었다. 그는 자신의 재산 일부를 저택 제너두 2.0을 짓는 데 사용했는데, 그 집의 가격은 무려 1억 2700만 달러에 달한다. 집안 곳곳이 컴퓨터로 설계되었으며 건축하는 데만 7년이 걸렸고, 벽에는 8만 달러 상당의 컴퓨터 화면이 설치되어 있어 언제든 원하는 그림이나 사진으로 바꿀 수 있다. 방문객들은 실내조명, 음악, 온도를 원하는 대로 바꿀 수 있는 전자핀을 제공 받는다.

컴퓨터와 화폐

인터넷 쇼핑, 신용카드, 전자 결제 등으로 현금 사용이 줄어들고 있다. 화폐의 약 90%가 컴퓨터 서버에 존재하고 있으며, 지폐와 동전의 형태로 유통되는 비율은 약 10%에 불과하다. 심지어 물리적인 실체가 없고, 중앙은행 없이 온라인상에서 거래되는 **암호화폐**도 있다.

슈퍼컴퓨터

슈퍼컴퓨터의 기준은 무엇일까? 미국의 '톱500'이라는 단체는 세계 각국의 컴퓨터를 성능에 따라 500위까지를 발표하는데, 여기에 속하는 컴퓨터를 슈퍼컴퓨터라고 한다. 현재 미국과 중국, 일본이 가장 많은 수의 슈퍼컴퓨터를 보유하고 있으며, 2021년 6월 기준으로 후지쯔와 이화학연구소가 공동 개발한 일본의 '후가쿠'가 1위를 차지하고 있다. 톱500 홈페이지(https://www.top500.org)에서 순위를 확인할 수 있다. 우리나라는 기상청과 한국과학기술정보연구원(KISTI), 국가핵융합연구소(NFRI)에서 슈퍼컴퓨터를 사용하고 있다.

최강의 컴퓨터

슈퍼컴퓨터는 가장 크고 빠른 컴퓨터로, 매우 복잡한 연산을 처리할 수 있다. 과학자들은 슈퍼컴퓨터로 지진 예측, 세계 기상 예보, 인간의 두뇌 시뮬레이션뿐만 아니라 우주를 탄생시킨 빅뱅을 재현하려는 노력을 기울이고 있다.

연결된 세상

전 세계 인구의 절반 이상이 온라인으로 연결되어 있다. 인터넷 덕분에 컴퓨터 사용자들은 필요한 정보를 쉽게 찾고 공유할 수 있게 되었다.

월드 와이드 웹(WWW)

1969년, 연구자들은 다른 컴퓨터 사용자와 정보를 공유하기 위해 인터넷을 발명했다. **아파넷(ARPANET)**은 전화선으로 미국의 4개 대학을 연결하는 데 성공했지만, 사용자들은 필요한 것을 찾기 위해 내부의 폴더와 파일을 검색해야 하는 번거로움이 있었다.

1989년 **유럽입자물리연구소(CERN)**에서 일하던 영국의 엔지니어 **팀 버너스 리**(위)는 보다 사용하기 쉬운 **월드 와이드 웹(WWW)**을 개발했는데, 어떤 단어를 클릭하면 다른 웹 쪽에 있는 파일로 이동하는 **하이퍼텍스트** 방식을 이용했다. 이는 최초의 **웹 브라우저**이며 지금도 세계 최초의 웹 사이트(info.cern.ch)를 방문할 수 있다.

뒤이어 모든 공공 웹사이트에서 콘텐츠를 검색할 수 있는 프로그램이 개발되었다. 이제 이러한 **검색 엔진**은 수백만 개의 웹사이트에서 원하는 자료를 단 몇 초 만에 찾아줄 수 있다.

긴 기다림

1993년에 집에서 인터넷을 사용하려면 전화를 걸어 접속해야 했다. 속도는 56kbps(초당 킬로바이트)가 한계였다. 오늘날 전 세계 인터넷 속도의 평균은 초당 11mbps(메가바이트)이고 가장 빠른 속도는 평균 67.5mbps로 기록되어 있다. 이는 1993년보다 천 배 이상 빨라진 속도다.

빨라지는 속도

오늘날에는 **고속 데이터 통신망(브로드밴드)**을 통해 화상 통화를 하고 HD 영화를 실시간으로 재생할 수 있다. 2030년에는 속도가 초당 1테라비트(초당 1GB보다 1,000배 더 빠름)에 이를 것으로 예상하는데, 이는 1초 안에 HDTV 셋톱박스 전체를 다운로드할 수 있는 속도다!

대화하는 공간

1971년, 컴퓨터 기술자인 레이 톰린슨은 세계 최초로 **이메일**을 보냈다. 사람들은 이메일로 메시지와 사진, 문서 같은 첨부 파일을 주고 받을 수 있다. 전 세계적으로 매일 2,030억 개 이상의 이메일이 오가고 있지만, 점점 소셜네트워크서비스(SNS)나 **메시지 앱**처럼 가볍게 쓸 수 있는 수단으로 옮겨가고 있다.

클라우드 서비스

데이터 센터에서 빌린 저장 공간에 파일을 올리면 인터넷을 통해 다른 컴퓨터의 하드 드라이브에서도 파일을 내려받을 수 있다. 이러한 기술을 **클라우드 컴퓨팅**이라고 한다. 가정용 컴퓨터와 마찬가지로 온라인상에서 자신의 파일에 안전하게 접속하고 업데이트도 할 수 있다.

사회적 만남

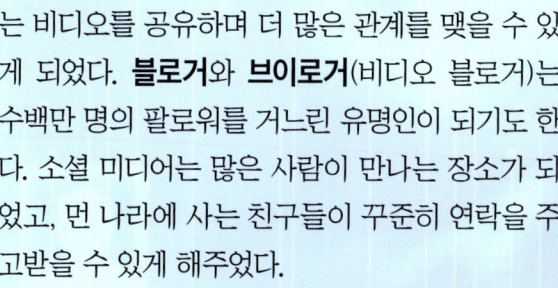

인터넷 덕분에 개인들도 자신의 의견, 음악 또는 비디오를 공유하며 더 많은 관계를 맺을 수 있게 되었다. **블로거**와 **브이로거**(비디오 블로거)는 수백만 명의 팔로워를 거느린 유명인이 되기도 한다. 소셜 미디어는 많은 사람이 만나는 장소가 되었고, 먼 나라에 사는 친구들이 꾸준히 연락을 주고받을 수 있게 해주었다.

어두운 측면

보통의 브라우저로는 인터넷의 아주 일부만을 볼 수 있다. 인터넷의 가장 큰 부분을 차지하는 것은 **검색 엔진**으로는 찾을 수 없는 **딥 웹**이다. 딥 웹은 웹 주소를 알고 있는 경우에만 찾을 수 있는 자료를 보관하고 있다. 더욱 깊은 곳에는 **다크 웹**이 숨어 있는데, 특별한 소프트웨어를 통해서만 이곳에 접속할 수 있다. 이용자를 추적하기 어렵기 때문에, 비밀스러운 활동과 범죄행위가 벌어지기도 한다.

창의적인 도구

컴퓨터는 어려운 수학 문제를 풀거나 글을 쓰는 데만 쓰이지 않는다. 그림을 그리는 붓, 음악을 만드는 악기, 영화에 사용할 이미지를 만드는 등 예술가들의 새로운 도구가 되기도 한다.

미래의 예술

마우스 또는 **스타일러스 펜**을 **터치패드**에서 사용하여 만화책이나 상상의 세계를 그릴 수 있는 소프트웨어도 있다. 이미지에 특수 효과를 주면 사실적인 그림이나 콜라주도 만들 수 있다. 또한 반복되는 프랙털 패턴이나 **알고리즘**으로 만든 미술 작품처럼, 컴퓨터가 자신만의 예술작품을 자유롭게 창작하도록 만들 수도 있다.

완벽한 외모

머리카락과 피부 등을 복제할 수 있는 소프트웨어를 사용하면 편집자가 **에어브러시**로 사진을 수정해서 '완벽한' 이미지를 만들어낼 수 있다. 모델의 주름이나 흠을 모두 지워버리기 때문에 수정된 이미지가 가짜라고는 그 누구도 생각하지 못한다.

음악 믹싱

이제 대부분의 녹음실에서는 디지털 방식을 사용한다. 덕분에 기술자는 소프트웨어를 사용하여 음악가들이 연주한 부분을 자르거나 교체하고 다듬을 수 있으며, 에코와 기타 음향 효과를 추가하여 최종본을 만들 수 있다. 음정 보정 프로그램은 노래를 부를 때 음을 벗어난 목소리를 수정할 수 있다.

홈 스튜디오

컴퓨터 기술이 발전하면서 신예 음악가들이 집에서도 음악을 창작할 수 있게 되었다. 컴퓨터에 디지털 악기를 연결하거나 샘플을 불러올 수도 있다. 인터넷으로 음악 파일을 다운로드하거나 스트리밍할 수 있기 때문에 음악가들은 컴퓨터로 팬들에게 직접 음악을 전달할 수 있다.

컴퓨터와 영화

컴퓨터가 만든 완전한 3D 장면이 등장한 최초의 영화는 1982년 개봉한 〈스타트랙 II-칸의 분노〉이다. 같은 해, 가상현실로 모험을 떠나는 내용의 영화 〈트론(오른쪽)〉에는 순수하게 컴퓨터로만 만들어낸 영상이 15분이나 포함되어 있다. 이제 애니메이션 제작자들은 수많은 블록버스터 영화를 만드는 데 CGI(컴퓨터 생성이미지) 프로그램을 사용한다. 이것으로 영웅의 초능력을 묘사하거나 특수 효과와 모션 캡쳐를 넣고, 심지어 배우들을 더 젊어 보이게 할 수도 있다!

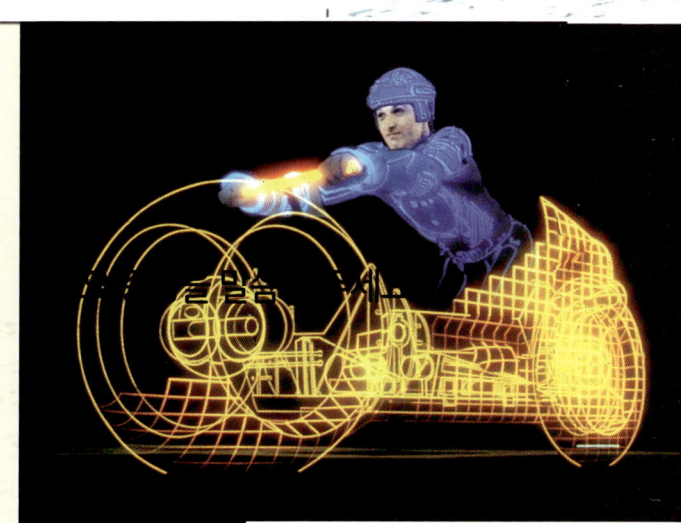

픽셀의 힘

1995년, 픽사 스튜디오의 〈토이 스토리〉는 큰 인기를 끌며 장편 디지털 애니메이션 영화의 시대를 열었다. 90분 분량의 컴퓨터 애니메이션 영화를 만들기 위해서는 많은 인원의 일러스트레이터와 애니메이터로 구성된 팀과 엄청난 수의 컴퓨터가 필요하다. 1초당 24개나 되는 애니메이션 프레임을 렌더링하거나 처리하는 데 하루 이상 걸리기도 한다. 스튜디오에는 이러한 렌더링 작업을 위한 슈퍼컴퓨터 장비인 '렌더 팜'이 있는데, 무려 2,000대의 컴퓨터로 구성되어 있다!

공격 받는 컴퓨터

조심하라! 멀웨어(악성소프트웨어)는 컴퓨터에 문제를 일으키기 위해 만들어진 프로그램이다. 이들은 이메일의 첨부 파일로 보내지는데, 이메일을 열기만 해도 사용자가 파일을 사용할 수 없게 되거나 개인 정보가 노출될 수 있다.

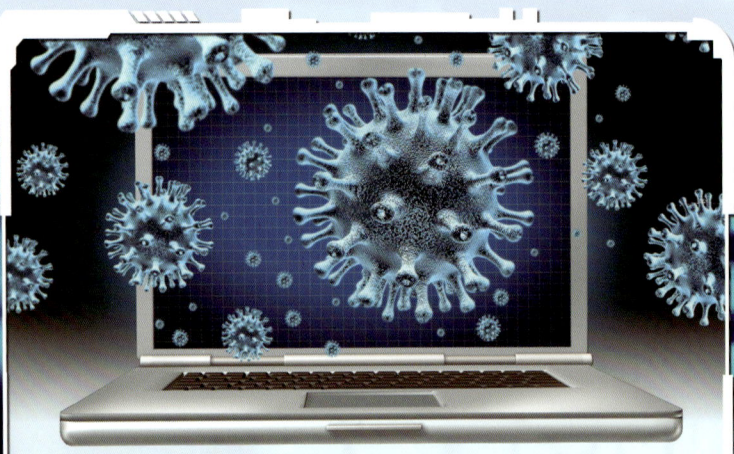

내부 침투

바이러스는 컴퓨터의 기능이 느려지게 하고 파일이 손상되어 더 이상 열 수 없게 만드는 악성코드이다. 바이러스와 비슷한 것으로 웜이 있지만, **웜**은 스스로를 복제하여 더 빠르게 확산된다. **트로이 목마**는 전설 속의 이야기처럼 신뢰할 수 있는 소프트웨어로 위장한 악성코드다.

누군가 지켜보고 있다

스파이웨어는 사용자의 컴퓨터 작업을 감시하고 수집하는 프로그램의 한 종류다. 사용자가 암호를 입력할 때 누르는 키를 인식한 다음, 이를 사용하여 개인 정보를 훔친다.

좀비 경보!

일부 멀웨어는 다른 사람의 컴퓨터에 접속하여 비밀번호를 알아낸 다음 **좀비 컴퓨터**처럼 조종해 더 많은 멀웨어를 퍼트린다. 사용자의 컴퓨터에서 연락처 삭제 정보를 훔친 다음, 주소록에 있는 친구에게 **스팸**메일을 보낼 수 있다.

감염

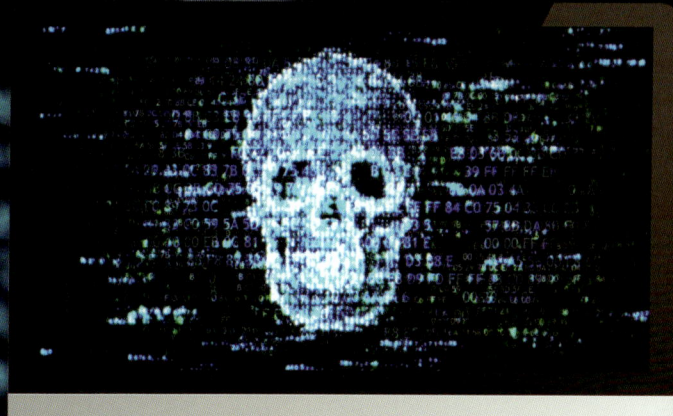

대가 요구

랜섬웨어는 상대방 컴퓨터에 있는 파일을 암호화하는 프로그램이기 때문에, 상대방은 자신의 파일을 열 수 없게 된다. 렌섬웨어를 만든 해커는 상대방에게 잠겨 있는 파일을 여는 프로그램을 제공하는 대가로 금품을 요구한다.

사이버 공격

때때로 기업과 조직 전체의 컴퓨터에 있는 정보가 망가지거나 유출될 수 있다. **해커**(컴퓨터 시스템에 불법으로 침입하는 기술자)는 보안에 취약한 부분을 찾아 자체 제작한 악성코드를 심거나 통제권을 빼앗는다.

사기꾼들

여러 사람의 이메일 주소를 모은 다음, 빚이 있다거나 상을 탔다는 등의 내용이 담긴 이메일을 보낸다. 이메일을 받은 사람은 결백을 주장하거나 상금을 받기 위해서는 은행 계좌번호를 알려 주거나, 수수료를 먼저 보내야 한다. 당연한 이야기지만, 이는 돈을 챙기기 위한 속임수다!

당황하지 말 것!

다음 쪽에서 위험을 피하는 몇 가지 방법들을 알아보자!

안전을 지키는 방법

어떻게 하면 인터넷 피해를 막고, 개인 정보를 지키며, 컴퓨터를 안전하게 사용할 수 있을까?
여기 기억해 둘 만한 몇 가지 규칙과 행동 지침이 있다.

누구를 믿어야 할까

안전한 온라인 환경을 위해서 다음의 간단한 규칙을 따르도록 하자.
- 낯선 사람을 조심하라. 온라인으로 대화하고 있는 사람이 다른 사람인 척 당신을 속이는 것일 수도 있다.
- 자신의 이미지를 쉽게 공유하지 마라. 한 번 온라인상에 올리면 누구라도 그 이미지를 볼 수 있게 된다.
- 주소, 이메일 또는 전화번호와 같은 개인 정보를 공유하지 마라.
- 낯선 사람이 만나자고 하면 부모님께 알려라.

가해자들을 물리쳐라

어떤 사람은 재미로 온라인에 기분 나쁜 글과 사진을 올려서 다른 사람을 괴롭힌다. 누구인지 모르는 그들의 모욕적인 행동에 흥분해서 맞서지 말아라. 이러한 **사이버 폭력**을 다루는 가장 좋은 방법은 그들을 **차단**하고 그들이 사용한 소셜 미디어 웹사이트에 이러한 사실을 알리는 것이다.

첨부 파일을 조심하라

대부분의 바이러스는 이메일의 첨부 파일을 통해 상대방의 컴퓨터로 옮겨간다. 발신자가 모르는 사람이거나 받은 이메일이 뭔가 이상하다고 생각이 되면 해당 메일을 삭제하고 첨부된 파일을 절대 열지 마라.

안전한 로그인을 위해

일부 웹사이트에 가입하려면 비밀번호가 필요하다. 비밀번호는 자기만 알고 있어야 한다. 계정을 안전하게 보호하기 위해서는 각 웹사이트의 계정마다 서로 다른 비밀번호를 사용하는 것이 좋다. 그리고 웹사이트에서 할 일을 마쳤으면 항상 다시 로그아웃해야 한다.

보안 서비스

컴퓨터에 설치할 수 있는 여러 가지 보안 소프트웨어 제품들이 있다. 이런 소프트웨어를 만드는 회사는 새로운 악성 프로그램을 방지하기 위해 프로그램을 지속적으로 업데이트하므로, 자신의 컴퓨터에 설치된 보안 소프트웨어도 꾸준히 업데이트하는 것이 좋다.

네티켓

마지막으로, 인터넷을 행복한 공간으로 만들기 위해 최선을 다하라. 온라인상에서 예의 바르게 행동하라. 기분이 상할 때가 있더라도, 모르는 사람에게 화를 내거나 무례하게 굴 필요가 없다.

게임의 역사

비디오 게임 산업은 전 세계적으로 수십억 달러 규모에 달한다. 이러한 성장은 더욱 빠른 하드웨어, 더욱 화려한 그래픽과 사운드를 원하는 플레이어들의 요구가 많았기 때문이었다.

첫 번째 성공

1950년대 컴퓨터는 게임용으로 사용하기에는 너무나 귀하고 비쌌다. 그 후 1962년, 매사추세츠 공과대학(MIT)의 학생들이 DEC사의 PDP-1이라는 기계를 이리저리 만지고 있었다. 그들은 **스페이스워!**라고 프로그램을 사용했는데, 두 대의 우주선(오른쪽)이 펼치는 간단한 결투 게임으로 학생들 사이에서 큰 인기를 끌었고, 최초로 널리 이용 가능한 컴퓨터 게임이 되었다.

가정용 게임

1970년대에는 동전을 넣어 작동하는 아케이드 게임이 큰 인기를 끌었고 점차 가정용 게임기로 발전했다. **스페이스 인베이더**와 **팩맨**과 같은 초창기 게임은 큰 성공을 거두었다. **퐁**은 가정용 컴퓨터에서 간단히 할 수 있는 최초의 게임 중 하나다. 두 명의 플레이어가 기다란 바를 움직여 공을 받아내는 기본적인 탁구 게임으로, 1975년 아타리 사에서 콘솔용으로 출시했다.

새로운 챔피언

컴퓨터용 체스 게임은 컴퓨터의 처리 능력을 테스트하는 데 사용되었다. 1977년에는 IBM 컴퓨터 **딥 블루**가 세계 체스 챔피언 게리 카스파로프를 꺾는 역사적인 사건이 일어났다.

벽돌을 차곡차곡

가장 잘 팔리는 게임인 **테트리스**는 1989년에 닌텐도 휴대용 **게임보이** 버전이 출시되었다. 테트리스는 러시아의 게임 디자이너 알렉세이 파지노프가 개발했는데, 위에서 내려오는 벽돌을 차곡차곡 쌓아야 하는 단순하지만 중독성이 강한 게임이다. 게임보이는 초기 모델이 1억 1천 8백만 대가 넘게 팔리면서 금세 가장 유명한 게임기가 되었다.

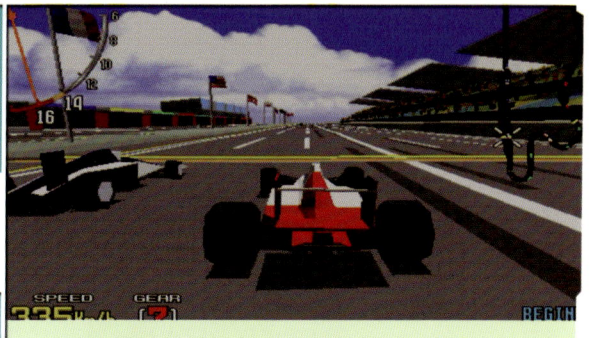

새로운 차원

1990년대에는 컴퓨터의 처리 능력이 발전하면서 3D 컴퓨터 그래픽을 게임에도 사용할 수 있게 되었다. **버추어 레이싱**(1992년)과 **슈퍼 마리오 64**(1996년)는 소니 플레이스테이션과 닌텐도 64와 같은 가정용 콘솔 게임에서 일찍이 큰 인기를 끌었다.

함께 모이자!

빨라진 인터넷 속도 덕분에 사람들은 온라인 롤플레잉 게임인 **월드 오브 워크래프트**(WOW), 마을을 건설하는 **마인크래프트**, 팀을 이루어 총격전을 벌이는 **포트나이트**(왼쪽)를 동시에 접속하여 즐길 수 있게 되었다. 이와 같은 기술 발전 덕분에 프로 선수들이 경기를 펼치는 다양한 종목의 **전자 스포츠** 게임의 인기와 판매량이 증가하게 되었다.

뜨거운 인기

컴퓨터의 성능을 지닌 스마트폰의 등장은 거대한 게임 앱 시장을 불러왔다. 중독성이 강한 스마트폰 게임 **앵그리 버드**는 2009년에 출시된 이후, 30억 회 이상의 무료 다운로드를 기록할 정도로 큰 인기를 끌었다. 빨라진 모바일 인터넷 접속과 GPS 덕분에 실외용 **증강현실(AR)** 게임이 현실화되었다. 실제 현실에서 만화 캐릭터를 찾는 게임인 **포켓몬 고**는 2016년 출시된 해에 5억 건 이상의 다운로드를 기록했다.

똑똑한 컴퓨터

이제는 컴퓨터를 사용하기 위해 책상 앞에 틀어박혀 있을 필요가 없다. 마이크로프로세서, 와이파이, GPS 기술 덕분에 언제 어디서든 컴퓨터 데이터에 접속하거나 공유할 수 있게 되었다.

손목 위의 컴퓨터

스마트 워치는 마치 작은 스마트폰처럼 전화, 이메일이나 소셜 미디어의 알람, 일정 관리, 날씨 확인, 음악 재생 등의 기능을 가진다. 물론 시간도 확인할 수 있다! **액티비티 트래커**는 **GPS** 정보를 이용하여 사용자가 얼마나 멀리 얼마나 빠르게 움직이는지 살핀다. 심지어 심박수를 측정하여 건강 상태를 더 자세히 기록할 수도 있다.

안경 속에 담긴 정보

스마트 안경은 기대만큼 인기를 얻지 못했지만 언젠가 전성기를 맞게 될지도 모른다. 2010년에 발명된 스마트 안경은 착용하면 날씨, 전화, 사진, 지도, 지역 정보나 번역 기능까지 화면에 보여준다. 스마트 안경은 음성 명령과 양쪽 면의 작은 터치패드를 사용해 기능을 제어할 수 있다.

가상 세계로

가상 현실(VR) 헤드셋을 쓰면 컴퓨터가 만든 공간으로 들어가 더욱 현실감 있는 경험을 할 수 있다. 헤드셋은 머리의 움직임을 추적해 가상 공간을 돌아다니거나 조사할 수 있는 3D 이미지를 표시한다. **VR 글러브**를 착용하면 가상 3D 세계에서 물체를 만지고 조작할 수도 있다.

원격 제어

GPS의 추적 기능 덕분에 유죄 판결을 받은 범죄자들이 감옥이 아닌 그들이 사는 집이나 지역 안에서도 감시를 받을 수 있다. **전자 태그**는 발목에 착용하는 장치이다. 이 장치는 착용자의 움직임을 기록하여 정해진 영역에서 벗어나지 못하도록 한다. 규칙을 어기거나 태그에 손을 대면 바로 경찰에 보고된다.

센서 달린 신발

신발이 원하는 장소까지 안내해 준다고 상상해 보라. 블루투스 기능이 탑재된 **스마트 신발**은 스마트폰의 지도 앱과 연결하여 이런 일을 할 수도 있다. 먼저 목적지를 선택하면, 신발이 스마트폰과 연결되고 양쪽 신발이 각각 웅웅 소리를 내며 오른쪽으로 가야 하는지 왼쪽으로 가야 하는지 방향을 알려준다. 도착했을 때는 알림을 울린다. 이러한 기능은 수백만 명의 시각 장애 보행자들에게 도움이 될 수 있다.

조명이 달린 옷

옷장 전체를 입을 수 있을까? 2012년에 가수 니콜 셰르징거는 자신의 트위터에 큐트서킷 사에서 만든 최첨단 옷을 입은 모습을 선보였다. 이 옷은 무려 2,000개의 LED 조명이 달려 있어 다양한 색깔의 빛을 낼 수 있다.

미래를 향해

컴퓨터 기술은 어디로 향하고 있을까?
마이크로칩은 더 작아질 수 있을까? 키보드 대신 기계에 대고
말을 하거나 손을 흔들어 컴퓨터에 명령을 내릴 수 있을까?
다음은 컴퓨터 기술의 미래를 상상할 수 있는 몇 가지 사례들이다.

사물 인터넷

인터넷은 사람들만의 것이 아니다. 가정에서 사용하는 첨단 기기들도 **와이파이**를 통해 자동으로 정보를 공유할 수 있다. 냉장고에 있는 인공지능은 우유가 떨어지면 배달 주문을 할 수 있고, 스마트 온도 조절 장치는 사용자가 집안의 온도를 집밖에서도 조절할 수 있게 하며, 또한 사용자의 생활 습관을 학습한다. 이처럼 기기가 온라인으로 연결되어 작동하는 기술을 **사물 인터넷(IoT)**이라고 한다.

재주 많은 렌즈

스마트 안경에 사용된 기술(26쪽)은 **홀로그램 광학** 기술 덕분에 콘택트렌즈 크기로 줄어들어 개발되고 있다. 미래에는 눈을 깜빡여 데이터에 접속하고, 이름이나 방향, 백과사전과 같은 정보를 바로 눈앞에서 홀로그램으로 표시할 수 있게 될 것이다. 마치 지금의 **증강현실(AR)** 앱처럼 말이다.

만지지 않아도 되는 제어 기술

현재 컴퓨터, 스마트폰 그리고 **스마트 스피커**는 음성 명령을 이해할 수 있다. 미래에 우리는 어떻게 기계와 소통하게 될까? **엑스박스 키넥트**와 **닌텐도 Wii**에서는 사용자가 제어 장치를 흔드는 동작 인식 기술을 사용하지만, 컴퓨터에 달린 카메라는 사용자의 움직임만으로 제어할 수 있는 **터치리스(touchless) 기술**이 사용되고 있다. **인공지능(AI)** 컴퓨터는 우리의 기분과 건강을 살피고, 우리가 인지하기도 전에 필요한 것들을 제공해 줄 수 있을 것이다!

DNA를 이용한 컴퓨터

우리 몸은 우리의 유전적 구성에 관한 정보를 DNA 가닥 속에 저장하고 있는 생물학적 기계이다. 컴퓨터 데이터를 DNA에 저장할 수 있다고 상상해 보라. 이것이 바로 과학자들이 만들고자 하는 **DNA 컴퓨터**다. 우리의 유전자로 구성된 DNA 분자는 현재 사람이 만든 가장 강력한 컴퓨터보다도 몇 배나 빠르게 복잡한 연산을 수행할 수 있다.

양자의 세계

대부분의 컴퓨터는 연산을 할 때 이진 코드를 기본으로 한다. 양자 컴퓨팅은 기존의 **1과 0**으로만 표현되는 방식에 1 또는 0의 값을 추가로 가진다. 이 세 가지 정보 단위를 **퀀텀비트** 또는 **큐비트**라고 한다. 양자역학이 가지는 독특한 특성 때문에 만드는 방법은 아직 밝혀지지 않았다. 양자 컴퓨터는 지금까지 만들어진 어떤 컴퓨터보다 훨씬 빠를 것이라고 전망하고 있지만, 상용화되기까지는 아직 많은 시간이 필요하다.

앞서 생각하라

가까운 미래에는 컴퓨터 명령을 내리기 위해 기계를 손으로 만지거나 말을 할 필요가 없을 것이다. 그저 생각만 하면 된다! **뇌-컴퓨터 인터페이스(BCI)**(오른쪽)는 사지가 마비되거나 심각한 운동 장애가 있는 사람들이 의사소통하는 것을 돕기 위해 개발되고 있다. 뇌의 뉴런은 화학적, 전기적 신호를 통해 정보를 전달하는데, BCI는 전기 신호로 명령을 처리한다. 미래에는 컴퓨터를 우리 몸의 일부처럼 사용하게 될지도 모른다.

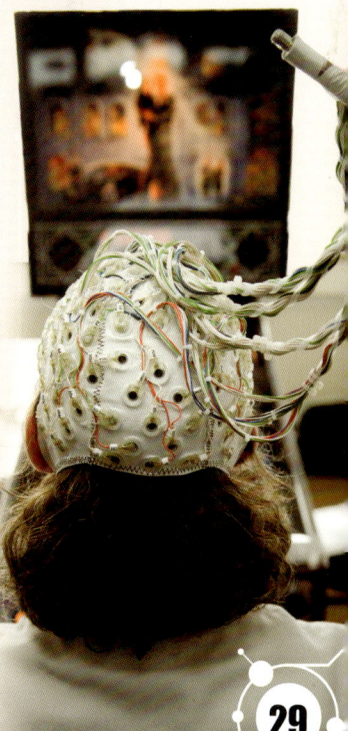

용어 풀이

2진법 10이 아닌 2(0과 1)를 기준으로 하는 숫자 체계

DNA 컴퓨팅 전통적인 실리콘 칩 대신 생화학을 사용하는 컴퓨터 처리 방식

가상 화폐 실물로는 존재하지 않는 디지털 화폐

가상현실 컴퓨터가 만든 3D 세계

다크 웹 특수한 소프트웨어를 통해서만 볼 수 있는 인터넷의 지하 세계

데이터 컴퓨터에서 사용되는 정보값

딥 웹 검색 엔진으로는 찾을 수 없는 웹 사이트

랜더링 컴퓨터 그래픽 작업에서 재질이나 색채 등의 정보를 바탕으로 3D 이미지 완성하는 것

랜섬웨어 사용자의 컴퓨터 파일을 잠근 다음, 해제하기 위한 돈을 요구하는 악성 프로그램

램(RAM) 컴퓨터의 임시 저장 장치

마더보드 CPU, 메모리와 하드 드라이브가 연결되어 장착된 주요 컴퓨터 회로

마이크로프로세서 중앙 처리 장치(CPU) 참조

멀웨어 다른 사람의 컴퓨터에 몰래 침투하거나 피해를 입히는 악성 소프트웨어

모션 캡쳐 배우의 움직임을 기록한 후, 이를 사용하여 디지털 캐릭터를 살아움직이게 하는 기술

바이러스 컴퓨터 소프트웨어에 문제를 일으키는 악성 프로그램

바이트 8비트

버그 소프트웨어에서 발생하는 오류

브라우저 웹 페이지를 보여주는 프로그램

브로드밴드 광대역 주파수로 인터넷 데이터를 빠르게 전송하는 시스템

블로거 블로그에 글을 쓰는 사람

블루투스 스마트폰과 다른 장치를 연결하는 근거리 무선 기술

비트 2진 숫자(0 또는 1)

사이버 공격 해커가 컴퓨터 시스템을 파괴하려는 행위

소프트웨어 컴퓨터에 명령을 내리고 작업을 제어하는 프로그램

슈퍼컴퓨터 성능이 매우 뛰어난 컴퓨터

스타일러스 태블릿과 함께 사용하는 펜처럼 생긴 도구

스트리밍 인터넷에서 실시간으로 음성이나 동영상을 재생하는 기술

스파이웨어 사용자 몰래 컴퓨터 작업을 기록하는 소프트웨어

스팸 원치 않는 이메일

실리콘 컴퓨터 회로에 사용되는 비금속 반도체 물질

알고리즘 연산을 하기 위한 규칙이나 절차의 집합

암호화 데이터를 보호하기 위해 암호화하는 과정.

양자 컴퓨팅 원자 수준에서 연산을 하기 위해 양자 물리학을 사용하는 방법

에어브러시 공기의 압력을 이용해 이미지에 색을 입히는 도구로, 컴퓨터 그래픽 프로그램에서 사용하는 효과를 가리키기도 한다.

와이파이 컴퓨터와 다른 전자 기기가 무선으로 인터넷을 사용할 수 있는 통신 시스템

운영 체제 사용자가 컴퓨터 파일과 하드웨어를 쉽게 관리할 수 있도록 해주는 소프트웨어

월드 와이드 웹 인터넷을 기반으로 연결된 문서들의 집합. 어떤 주제를 검색하면 그림, 영상, 소리 등과 같은 정보를 연결하여 제공한다.

웜 스스로를 복제하는 악성 프로그램

웹 브라우저 웹에서 정보를 찾는 데 사용하는 소프트웨어

위성 위치 확인 시스템(GPS) 인공위성의 신호를 이용하여 사람이나 사물의 정확한 위치를 알 수 있는 시스템

이모티콘 기분을 나타내기 위해 사용하는 컴퓨터 기호

인공지능(AI) 인간의 지능을 컴퓨터로 실현한 기술

조이 스틱 주로 비디오 게임에서 움직임을 제어하는 레버 형태의 입력 장치

좀비 컴퓨터 자신도 모르는 사이에 원격으로 조종되는 컴퓨터

중앙 처리 장치(CPU) 컴퓨터를 제어하는 중심부. 마이크로프로세서라고도 한다.

증강현실(AR) 현실 세계의 장면에 컴퓨터가 만든 가상 물체를 추가하는 기술

집적 회로 실리콘과 같은 반도체로 구성된 전자 회로

컴퓨터 생성 이미지(CGI) 컴퓨터로 만든 특수 시각 효과

큐빗 퀀텀비트(0, 1, 0 또는 1)

클라우드 컴퓨팅 인터넷상으로 서버, 저장공간 그리고 소프트웨어를 사용할 수 있는 기술

터치패드 손가락의 움직임을 감지하여 명령을 보내는 컴퓨터의 한 부분

트랜지스터 전류를 증폭하거나 켜고 끄는 스위치 역할을 하는 소형 전자 장치

트로이 목마 신뢰할 수 있는 소프트웨어로 위장한 악성 프로그램

페타플롭 컴퓨터 성능을 나타내는 단위

플로피 디스크 단단한 커버 속에 들어가 있는 작고 유연한 플라스틱으로, 데이터를 저장하는데 사용된다.

하드 드라이브 컴퓨터의 기억 장치

해커 다른 사람이나 회사의 컴퓨터 시스템에 불법적으로 침입해 피해를 주는 사람

홀로그램 광선을 쏘아서 만드는 3D 이미지

참고할 만한 사이트

컴퓨터 역사박물관 컴퓨터 연대표: www.computerhistory.org/timeline/computers
웹사이트 <Explain that Stuff> 양자 컴퓨팅: www.explainthatstuff.com/ quantum-computing.html
IBM 서밋 세계에서 가장 빠른 컴퓨터: www.ibm.com/thought-leadership/summitsupercomputer
임페리얼 전쟁 박물관 앨런 튜링이 에니그마의 암호를 해독한 방법: www.iwm.org.uk/history/how-alan-turing-crackedthe-enigma-code
컴퓨터 박물관 영국 블레츨리 파크 소재 세계 최대 컴퓨터 역사 전시관: www.tnmoc.org
픽사 애니메이션 스튜디오에 숨은 과학: sciencebehindpixar.org/pipeline/rendering
라즈베리 파이 코딩 교육 커뮤니티: www.raspberrypi.org
세계 최초의 웹사이트: info.cern.ch

참고할 만한 책

A World of Computers and Coding, Clive Gifford (Wayland, 2019)
Help Your Kids with Computer Science (DK)
Kid Engineer: Working with Computers and Robotics, Sonya Newland, (Wayland, 2020)
Adventures in STEAM: Computers, Claudia Martin (Wayland, 2017)

이 책에서 소개하는 웹사이트 주소(URL)는 책이 인쇄되었을 당시에는 유효했으나, 출간 이후 내용이나 주소가 바뀌었을 가능성이 있습니다. 이에 대해 저자나 출판사는 어떠한 책임도 지지 않습니다.

찾아보기

D
DNA 컴퓨터 29

ㄱ
가상 현실 19, 26
게임/비디오 게임 4, 5, 9, 12, 24, 25
가정용 컴퓨터 4, 9, 13

ㄴ
나사(NASA) 5, 7, 9, 14
뇌-컴퓨터 인터페이스 29
닌텐도 게임 보이 5, 25

ㄷ
다크 웹 17
딥 웹 17

ㄹ
랜섬웨어 21
램 11

ㅁ
마더보드 11
마이크로소프트 5, 8, 14
멀웨어 20

ㅂ
바이러스 20, 23
베이직 4, 13
봄베 4, 7
블레츨리 파크 4, 7
빌 게이츠 8, 14

ㅅ
사물 인터넷 28
사이버 공격 21
사이버 보안 22-23
사이버 폭력 22
소셜 미디어 17, 22
슈퍼컴퓨터 4, 15, 19
스마트 신발 27
스마트 안경 26, 28
스마트 워치 26
스트리밍 19
스티브 워즈니악 9
스티브 잡스 9
스파이웨어 20
싱클레어ZX 스펙트럼 9

ㅇ
아이폰 5
아타리400 9
안티키테라 6
알테어8800 8
애니메이션 19
애플 워치 5
앨런 튜링 7
에니악 7
에드삭 7
에이다 러브레이스 4, 12
월드 와이드 웹 5, 16
양자 컴퓨팅 4, 29
이진 코드 11, 12, 29
인공지능 4, 13, 28, 29

ㅈ
전자 태그 27
중앙처리장치(CPU) 10
증강현실 4, 25, 28

ㅊ
차분기관 5, 6
찰스 배비지 6, 12

ㅋ
캐서린 존슨 7
컴퓨터 칩 5, 9, 11
코모도어64 5, 9
콘라트 추제 7
콜로서스 7

ㅌ
트랜지스터 4, 5, 8, 11
팀 버너스 리 16

ㅍ
폴 앨런 8
퐁 4, 24
프로그래밍 4, 5, 12, 13
플로피 디스크 5, 9

ㅎ
해석 기관 12